OLAIA PAZOS

CONVERSA

OLAIA PAZOS

CONVERSA

Prólogo
MANUEL

HUERGA & FIERRO editores

Diseño de Colección: Huerga y Fierro

Primera edición: 2025

C/Sebastián Herrera, 9
28012 Madrid-España
Telf.: 91 467 63 61
www.huergayfierro.com
huerga@huergayfierro.com

I.S.B.N.: 979-13-990325-6-7
Depósito Legal: M-12092-2025
Impreso en Romadac Industria del Libro
Impreso en España/Printed and made in Spain

Prólogo

Manuel
9 de marzo de 2025

Se lo dedico

CONVERSA

Cuando sepa irme de aquí me iré

.

D esperta dos en el árbol
frores de san xoan aturuxo fogueira o mar vinagretas
bicis mora millo o mar de volta o mar

.

Si no sé de dónde no voy

.

Te he echado de menos . Yo también

.

Lo bonito es poder estar en todos los cachitos
y elegir en cual quieres quedarte.

Eso de o qué ó : "Hacer de lo cotidiano lo sublime"
me dí Jaione Osoro

o anidar la belleza amor

.

Si no pa´cómo ?

Charlemos .

CONVERSA. RAE. Roe Palique . con versación .

Conversa: forma coloquial. Conversación. Palique
Palique: Coloquial. 1. f. Conversación sobre temas poco trascendentes.
2. Facilidad para la conversación.
Conversación: 1. Acción y efecto de hablar familiarmente una o varias personas con otra u otras u o tras .
2. f. desus. Convivencia o compañía.
3. f. de su ús. Comunicación o trato carnal. amancebamiento . punto .
4. f. de sus s s sss s . Habitación o morada.

Y si iniciamos una conversa e é ?
como con facilidad de palabra ñam nos
concentráramos en la conversación y los despistes sin ni por las ramas
iniciar una conversa de forma coloquial sin palique .punto . nada de
temas poco trascendentes iniciemos una acción : hablemos familiarmente
una o varias personas es decir hablemos entre varias personas todas
en concurrencia y compañía y aunque esté en desuso amancebémonos
aunque esté en desuso hagamos de esta conversa una morada
este rato . Un tiempo .

¡Descabéllate!   —no me grites—
disculpa.
—voy a pensar en ello—
Cabálgate digo
— pensando en ello repito—
cuando te digo quiero decir que — afina—
te sueltes y no sabía cómo. —calla—
Desca béllate y dame algo por dentro por favor
[ella se lo piensa]
—buenovale — [hastag porquehassidomajaquesinó temetounahostia]

Buenovale. PUNTO

y nos miramos a los ojos

casi me pega pero

Carecía el perro de pulgas
amalgamaba docenas de lindes   no lo querían en ninguna parte
lindos eran los bordes pues personas todas éramos pero bordes eran las lindes

la tierra era frágil y lo supimos siempre   queríamos:
un lugarcito en la caricia   un rincón donde pararse a mirar   h
ay caminos   tenemos : luciérnagas lombrices cachorras roedores buhítos
lámparas voces   el agua   silencio de río
lloviznas de ríase usté la gente

y llovió para todas .

A pagar en adeudo de diva o luna lunácea   sin portadora
un sostén en toda regla
una máxima mínima existencial y absoluta   un reme—reme   luciérnaga
todo el lodo   un ser sí   mismamente   todo el lodo
en serse o enser   todo baño   todo limpio a pagar adentro la mina diva
luna lunácea   . Y él llena de flores   como   un patio cordobés como
si flor es

me dije sí
y me vi preciosa

Si es que novela, ¿Por qué flamenca?

No hay lugar en el mundo

me dije sí.

Y allí éramos:
seguras de nuestras cruces a salvo de quejas

de cuando creciéramos.

Es hermoso cómo la sonrisa existe en todas partes
es algo tangiblemente hermoso
la vida tan fina tan tan fina tan delicada y tela raña la tierra fina fina
fuerte tela de araña algo finísimo e hipnótico que resiste :
un tópico aséptico: así como estaban y aún y todo reían .

Así proba and g o c on ella
cuánto estira la vida
¿ empobrecer es estirar ?
cuánto estira la vida la pregunta era
ñam
cuánto estira la vida
¿ paciencia es resistir ?
cuánto estira la vida
no sé bien qué es la necesidad
cuánto estira la vida
tengo recuerdos
cuánto estira la vida

reír o hacer es más difícil pero sonreír siempre es bonito sí
la vida estira y nos lleva por dentro

y aquí la guerra o un insulto la guerra la guerra es más fuerte que un insulto
los dientes torcidos la flor en el culo un erizo en la sangre la sonrisa siempre
existe en todas partes se empeña probando con ella cuánto
se estira la vida se en peña .

Y es tan bonita la risa vida ella ser prescindible y a la vez todo.
Estirar o reír .

— Me introduzco en el agua — .

Hemos vivi end ? do :
la vida poeta
la vida asesina
la vida profeta
la vida divina
la vida drogueta
la vida
ascendiendo

la vida cagando no se puede con tantas

la vida maleta
la vida anacoreta y cuevas
la vida escena

la vida nervio
la vida teta
la vida no sé
la vida sé cuántos
la vida contrastes
la vida qué trasto !

la vida congénere
la vida con charco

la vida la vida la vida ... . . .

Que no hagan luces con mi útero
que no hagan lugares que no existen

y con las mujeres del mundo digo :   Yo soy la madre   .punto.

Hoy tengo funghi mi el suelo muta
y sigo misma en la tierra
fértil !   me dicen o ven
yo ya estoy   insisto   o hablo   dicen

cuando respondo   digo o y hablo   siempre se habla aún sin decir.

Yo soy la madre.

— sí que te has puesto seria —

Por una puerta ¿se entra o se sale? por la frontera mamá

hemos construido demasiadas ciudades los campos
antes soñábamos sin frontera papá sábanas sin bandera que
si los pájaros.

¿Por una frontera se entra o se sale?

Concentradas en los campos si(í) persona que si(í) las aves sin
frontera la casa mamá
antes llevaba algo entre las manos me miro el hueco trenzo los dedos
y nace un pájaro Hubo tiempo sss antes soñábamos entre la casa
algo o la familia una historia algo de una abuela era mía? la casa o el
sueño digo algo de la historia escuché quizás una costumbre no sé
fuera es algo nuevo en la casa antes jugábamos

Viento o bomba una casa campa entre las manos algo campa y juega:
es como un rito o una infancia el campo mapá ya no está afuera el
campo dentro y la casa una quimera.

Las hambres siempre son los apetitos distintos antes ssssso (ñá
vamos que no importa) Y pasa un ave sin frontera. Pamá los pájaros
tienen frontera ?
Cuando van ¿ entran o salen ?

Dentro todo   y la sangre   qué frontera?

siempre me ha gustado   quedarme mirando. punto.

—el pájaro que caza en el mar   saldrá del agua—

Y pasa un pingüino humano lleva
una lancha como un navío unatabla
sonaban sus pasos como un ave sin plumas ó
recién salido del agua réquete cuá cuá
réquete cuá cuá por el *bidegorri* recién salido del a g u a

Llevaba una lancha o un ancla una lanza llevaba
algo
.
Alga
qué clama esta cuidad calma hecha mar ?
Eso que se escucha no es el viento es la conversa de las rocas y e é
el mar ya sabes un cantábrico
Qué calma esta ciudad ? me deja escuchar los pájaros más allá de
tu maleta turista o viajera tu maleta .
Qué clama esta ciudad o y yo en ella ?
Cuándo dejaré de ser la protagonista?
La hija de la nieta cuándo el padre que si el tío toás las primas casi nadie
aquí yo nunca pero siempre no soy de aquí ni soy de allá un léase cantando
cuándo o desde dónde es e irá todo esto ?

Tras la familia la memoria y los lugares
el cubo de Rubik está se me a a parecer como un lugar muy riquiño.

Los pájaros aún te resisten mafia .
Soy tan brutiña ! siempre me ha gustado quedar me mi rán dom e

El canto de los pájaros es más grande que tu ú ruído .

Cuando los escucho sí en tó : Yo también. Resisto.

Las lluvias quieren más que nosotras .

El agua es madre.

El agua manda.

Entre las costillas y o el pecho ;

Una amazona .

Y llovió para todas.

Non chove en Santiago
meu doce amor
o sol branco e dourado
brila entrebrecido ó ceu
És inmensa coma un querer
de pedra o son
fai que os teus turistas parezan aves
ec o o mar
Todo é e pedra poeta a memória empedra da
hai un esprito que di que o son

é sacro

te amorena el
perfil

Todo roto con target te quiero qué digo : te quiero y queriéndote es más hacible
en euros teu silenzo é ruido

Xa non sei quen son, disme,
non coñezo esta interrupción este desacato nin este sin sentido:
Venid, comed todos de Él, dicen,
cuatro turistas pasan para hacerse un selfie
mirarse sí como si yo San Francisco sin huerto como
si yo una hippie con sandalias a los lados

Si amas más a tus sandalias que a tus pies
mejor no andes el camino.
Coguis. Selva Tayrona.

Me descalcé   .

La estupidez no tiene idioma
me descalcé
pero tiene sitio   las piedras
han dicho   las gaviotas cantan o y anochecen
Santiago todo paradoja y o y   un ejemplo :
me salió un pedo y fue más sonoro que sus voces   turistas epicentro
despeñaburros obtusos sabenadies   cañaveral   insulto   en definitiva
cacharro   caramba   ya vale

Cucú dicen   cucú   con en el eco juegan   cucú de esquinita a esquina
cucú   con el eco voy
corren mientras les entra la risa cucú   Praza do Obradoiro   sigo el camino
.

te quiero

hay que decirlo más

— El pájaro sale del agua —

Volverás con flores en la boca y sin espinas en el cuerpo.
Huélete ahora: aliméntate: lo que viene te necesita :   Fuerte.

Salta   (preci s o o so)   .

Es tu mundo nuevo.
No temas y témelo and go.
Vas a llorar lo   lo vas   pero sin muerte.

Tierra nueva sí.

Me gusta llevar a la gente al abismo
porque tengo fe en que saben volar
CLAUDIO NARANJO

A Gloria González García.
Mi abuela. Mi amoñi.

Ella es de cera   silencio de boca de pez
mamífero o ballena .
Acercarse es toda una valentía para esta niña.
Acercarse y tocarla es como algo sagrado.
Acercarse tocarla y darle un beso es
como un bellosusto   la bellamuerte lo triste
es despedida . La parálisis

Si cuando vuelvas no estoy
no te disgustes. Me dice s ssss.

Y te nano:
Están mamita y güelita con tres mariposas y cinco rosas
preparando una cama de nubes para cuando tú vayas.

La de la casi un siglo . Mi amoñi.

La despedida tierna : una canción *Me lo dijeron mil veces.*
:Corderas somos rebañito manta amaranta ombligo vientre
el regazo vida.   La certeza o u y lo cierto.
Una patadita leve en la boca : diste el amor suficiente ?

Aún sin sabiendo.
La pequeña pasmada.

Estoy perfeccionando mis relaciones con las personas gracias a la retomada relación con mis amiguitos invisibles.

Lo tenemos clável
entonces
seguras y con flor
si como niñas juegos y jamón
la eterna pregunta   mi yo verdadero

y es que tú   no te enteras   tú   no te enteras que tú
nunca nunca nunca   te enterarás no te enteras.

Todos pájaro y yo tan árbol ?
crujir o cantar

y me dije sí .

Qué nadío y consecuente pereza
que qué aburrimiento digo siga el dedo por favor
imposible la conversa   el dedo   siga el dedo   por favor   .

Ser ojiplático tú que no te deleitas mas
sí contemplas.

Ululó un búho
la mirada fija detenida a dentro: es un ángel
entre la palabra unos labios
hay silencio de a punto el habla un suspirito hacia adentro:
es un ángel o la luna redonda en su silencio y muevemares .

Ululó un búho detenida adentro de los labios la palabra o la luna.

Sé abrir y cerrar puertas
candar no cando

.No cando lindes.

A estas horas de la tarde cosita va que va sin lindes
qué mejor cosita cosa de hacer un martes
volandito volandito que dijo diego
digo el del gatillo o la pistola
un tercio o algo que desinfecte.

Sí una caña una caña solamente te extraña o qué algo te ha enfadado
en mí: carácter : esto es un bar . mi no entender tu súperyo
y la interrogación ?

Soy un siglo veintiuno con mujer y aún me miras raro en
aquí donde siempre aquello de crecer seré crecer crezco.

Permiso para una destrucción acelerada de los bosques
tropicales todas
la desertificación de los suelos cultivables la mujer
en su entorno tropo funghi letargo todo
suena muy exótico pero o y resulta
está demasiado cerca

ñam
funghi

evolucionando sigo
siga el dedo por favor ñam ovolucionando ñam

alucielando
digo

ñam

y me ví preciosa

.

Entonces imaginó Lady Laura:
que si la muerte el don la noche o la vida profundísimo el DON dijo
y voló así fue .

Érase de una familia costumbristaqué
donde un yo yó se alimentó yo yó sí yoyó porqueclaro
entonces bueno bueno bueno murió le abuele
queloqué? menos yo tode el munde importante é ?
que é sin mí y cómo cuándo qué or what?

—Disculpe Lady Laura o Jacinto: el espejo ponerlodónde é ?—

Después llegó un búfalo todas decíamos: ¡es demasiado! pero
en realidad se quedaba pequeño para tanto que é
teníamos que cazar o pensar el entendimiento era
tal que podíamos habernos comido un circo alomenos .

Muchas personas habrían estado
contentas y agradadas por el divertimento subyugadas
otras sabiendo que aún hay quien lo soporte lo. punto y punto.

—por dentro pensando: en chiquitito se ve más fácil posible vulnerable
más hacible más guay—

—del caló: guay. molar. chachi. nosotras siempre—

Carretilla abandonada con maceta   sálganme las flores
dignidad acodada al peso   no me ladres   capaz que toso   todo es como
agua   un pez en la garganta   agua   las flores de carretilla   las macetas
agua   el movimiento   —¿cómo? no le escuchando—
No importa: esto es muy frágil: lleva tilde   .

Disculpe   —qué—   sólo pasaba por aquí .

¿Quieres pantano   pantalán   o pantalones   ?
pan ta lan to léote lo   hay un mar esperando
que te quites la ropa

¿o serás la piedra?   esto es un verano

..   .   fuimos sabias seremos   .

Que tú eres virgo ascendente   en virgo   la casa
en virgo la luna
todo virgo y tan jodiendo   ?
que ya viniste por aquí que   tú no rara tiquismiquis las cosas así
que tú virgo   que yo   por aquí ya tiempo hace   estuve cuando
la memoria es una sonrisa o un descuido   estoy como si sola súper comprendida
acompañadi   :   í   sima   . superlativa.

Todo un reto

Es   que estamos   hablando tanto de tanto y de tanto y sin nadita que
tanto   sin nada   cansa   .
Pero antes me cogió un burro   milana milana bonita   tan tierno
tan tierno que
lucerito le dije   le llamo : tuuuuu ú   :   veeeeeeee én   . y va   .

Yo estuve .
Musitar de leyendas . Tan cerca d
el musitar del gusto y d el disgusto .
Hay cosas que no estoy pudiendo aprender
y o porque .
Y no es mi causa.

Ignoraré la búsqueda en espera del rayo verde y los negocios de lo místico.

He respirado con el cuerpo entero
la verdad o y la duda con certeza .

"Y que corra mi destino por donde quiera que corra"
Mirad ahí va .
Y me vi .

Que los abrazos salvan y dejan dormir es un hecho

y hay maestroas que nos dijeron ve ve !

y nunca volvimos al cepo .

Les doy las gracias.

La inteligencia de lo infinito (o mi profe de literatura) :
He venido de otro planeta   para deciros.....   :   y se calló   .

Diez de mayo de milnovecientos noventayuno o (u y dos), Lola da una clase de literatura
española y la al iteración   el ala leve del leve abanico   se camina
a lo l a r g o de la clase   entre pupitres   se camina prado
entre los pupitres   y un   mundo
pasillitos repitiendo pasmada "huye luna luna luna.. . "

y nunca volvimos al cepo   .
Primero vinieron las vocales   a e i o u   que si abiertas que si siete que si sí
y así Florinda de las vocales aliteradas cuasin labio y todo susto repitiéndonos a toda causa:
póla   pola   e sin non vou a Bueu nun vou non vou.
Todo estuvo bien.   Supongo.

Nunca volvimos al cepo.

Les doy las gracias.

Y si vamos terminando esta conversa   e   é   ?
dónde terminará el poema   e   é   ?   Largos
tienes lo s ojos   en la piel escamas   y nacarado el sol   brilla
en tu cuerpo   .   El mar está
que no cesa en su alboroto.

Cesa el cepo   volver no   y no volvimos pero
sí hacia nosotras   cuerpo   volverse
para   volverse porque
hacia   no lleva tilde   (pero y)   es importante romper
los hilos de la ira navío va   sin lindes el mar   no atado al cabo sólo

h   a lo redondo e infinito de la existencia.

Esto era una conversa   tan sólo   era una conversa.
Ser .   Seremos.
Hable lo que calle   —disculpe usted, no le entendiendo—
Hable pues si no escuchando.

Crecer crezco.
Preciosa.

Me vi.

Ya sé abrazar.

Índice

Esta obra
se acabó de imprimir
con los auspicios de
Charo Fierro y
Antonio J. Huerga, editores

FINIS CORONAT OPUS